Jan Kuhl · Daniel Müller

Du und ich,
das ist sooo schön

... im Sitzen, Liegen und im Stehn.

... als Schutzengel
stets bei mir bist.

Liebst mich als Helden und als Kind, ...

Raubst mir die Nerven, kochst mich weich, ...

... machst mich oft stark und schwach zugleich.

Darf mit dir froh und traurig sein, ...

... du bist stets fair
und nie gemein.

Alle Menschen mögen dich, ...

... auch wortlos
weißt du,
was ich meine.

Behütest mich in jeder Nacht, ...

Schleichst dich
in meine Träume ein, ...

Kann mit dir feiern, bis es kracht, ...

... kenn' niemanden, der so schön lacht.

Lässt mich so vieles leicht verstehn, ...

... du lehrst mich fühlen, lehrst mich sehn.

Friern meine Füßchen, wärmst du mich, ...

... und wenn du kochst, dann kühl ich dich.

Bist für mich da, wenn ich dich brauch, ...

... und umgekehrt ich für dich auch.

Du lässt mich schweben, blind vor Glück, ...

... soll ewig noch so weitergehn.

© 2010 Pattloch Verlag GmbH & Co. KG, München

Illustrationen: Daniel Müller
Satz: Daniela Meyer
Lektorat: Silke Bromm, Pattloch Verlag
Druck und Bindung: Sachsendruck Plauen GmbH
Printed in Germany

www.pattloch.de

ISBN 978-3-629-10599-8

05 04 03 02 01